„Das Adventsschätzchen"

-EinVorfreudebüchlein-

„Ein gutes Essen hält Leib und Seele zusammen!"
In diesem kleinen, aber feinen Satz steckt viel Wahres.
Ich möchte dennoch hinzufügen:
„Wenn du eine Familie hast, die dich liebt, ein paar wirklich gute Freunde, Essen auf deinem Tisch und ein Dach über dem Kopf, dann bist du reicher, als du denkst!"
Die Vorweihnachtszeit ist meine Lieblingsjahreszeit. Man trifft sich mit Freunden zum Glühwein-trinken, kocht üppige Speisen, die lange das Haus mit ihrem leckeren Aroma bereichern oder backt Plätzchen zum Verschenken an die Lieben. Mit meinem Buch möchte ich ein wenig Besinnlichkeit in den von uns selbst gemachten Vorweihnachtsstress bringen. Euch zum Basteln animieren und zum Backen, Kochen und Trinken verführen. Das soll gelingen, indem ich in diesem Büchlein kleine, einfache, aber leckere Rezepte aus meinem Familien-Back-und-Kochbuch vorstelle. Ergänzen darf ich diese erfreulicherweise durch Rezepte von lieben Freunden. Jedes Rezept ruft ein Stück Kind-heitserinnerung wach und ich bin sicher, sie werden auch euch ein paar ruhige Stunden im Kreise der Familie und eurer Freunde bescheren. Ich wünsche euch viel Spaß beim Lesen, Kochen, Basteln und Genießen.

Eure Katrin Packebusch

Neben einer geheimnisvollen Weihnachtsgeschichte erwarten euch ...

Rezepte

Gedichte, Geschichten & Bastelspaß

Es war einmal ...

Ihr werdet es kaum glauben, aber diese beiden kleinen Gesellen sind die Weihnachtswichtel aus dem Huywald, der ganz in der Nähe des alten und urigen Harzwaldes liegt. Sie werden euch durch dieses Büchlein begleiten.

Vom Weihnachtsmann „Santa" persönlich auserwählt, sollen sie nicht nur in der Region unseres schönen Huywaldes weihnachtliche Stimmung schüren. Ja! Ihr lest richtig! Von Santa persönlich auserwählt! Vielleicht kennt ihr ihn auch unter dem Namen „Viejo Pascuero", was in Chile so viel wie „alter Hirte" bedeutet. Die Finnländer nennen ihn „Joulupukki", den „Weihnachtsbock". Wie nun die Finnen auf solch einen Namen kommen, nein, das entzieht sich meinem Wissen. Lustig ist es allemal.

Packi & Puppi

5

Es ist der 23. Dezember und die Brüder, so nennt man die Mönche in einem Kloster, haben eine Tanne geschlagen und sie durch den Wald mitten in den Innenhof des Klosters gezogen. Da steht nun die majestätische Tanne, die sich der Prior des Klosters Huysburg für seine Weihnachtsandacht auserwählt hatte. Groß und prächtig wird sie das Kirchenschiff in den Zauber der Weihnacht hüllen. Am Weihnachts- morgen wird sie aufgestellt und mit vielen leuchtenden Kerzen und goldenen Kugeln geschmückt. So wie in jedem Jahr wird es eine Weihnachtsandacht geben, an der jeder teil- haben kann, der den Weg hinauf durch den Wald zum Kloster auf sich nimmt.

Das ist seit Hunderten von Jahren so Brauch und wird wohl, solange es Mönche im Kloster des Höhenzuges gibt, immer so bleiben.

Puppi und Packi waren geschockt! So nah waren die Mönche noch nie zu ihnen in den Wald des Huys, dem Höhenzug des nördlichen Harzvorlandes, gekommen. Packi war immer noch ganz blass, sodass Puppi sich trollte, um ihr auf diesen Schreck einen kleinen Ingwerlikör zu reichen. Vor wenigen Minuten noch hatte es gleich neben ihrer Behausung zu zischen und zu grummeln begonnen. Dann ein gewaltiger Knall! Ohrenbetäubendes Knarren!

Ein Erdbeben? So etwas hatten die beiden noch nie erlebt! Was war nur passiert? Voller Angst waren die Weihnachtswichtel vor die Tür ihres Wurzelhäuschens gerannt. Ihr Nachbarbaum,

eine wunderschön geradlinig gewachsene alte Tanne, die bis in den Waldhimmel reichte, war soeben dem Boden entrissen worden. Ausgerechnet die, neben der sie in einer kleinen runzligen alten Baumwurzel wohnten, die im Laufe der Zeit mit Moos überwachsen worden war. Man musste schon genau hinsehen, um die von Puppi selbst gebaute alte Eingangstür mit dem winzigen Fenster in der Mitte zu erkennen. Sie schützt im Sommer vor Wärme und im Winter vor Kälte. Neben der Wurzeltür standen einige ihrer verzauberten Fliegenpilze, die schon vor einigen Monaten aus der Walderde dem Licht entgegen emporgeschossen waren.

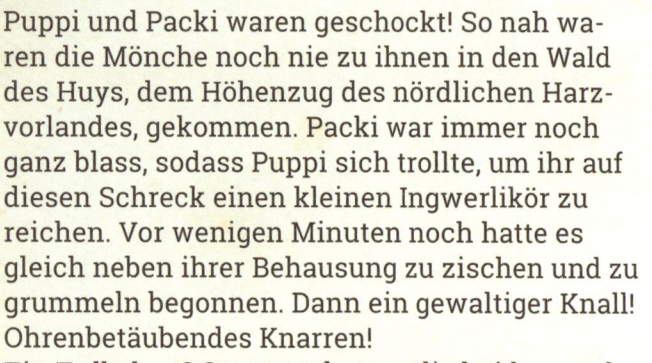

Zwischen diesen Pilzen streute Packi jeden Morgen die Sonnenblumensamen für die benachbarte Kohlmeisenfamilie. Die Samen hatte sie im Spätsommer am Feldrand unterhalb des Huywaldes gesammelt.

Was einige Wochen zuvor geschah.

Aus dem Wurzelhaus duftete es verlockend nach Apfelpunsch. Puppi hatte bereits den Wurzelofen angeschürt und den Topf mit dem Punsch auf die kleine Flamme gestellt. Heute war Backtag! An Tagen wie diesen zog der Geruch nach Plätzchen und Gewürzen wie Nelken, Koriander, Zimt und Co. durch den ganzen Wald. Sie brauchten keine Einladungen zu verschicken, denn die Freunde Hoppel der Hase, Flixi das Eichhörnchen und Izifritz der Igel hatten eine sehr feine Nase. Sie kamen immer zur rechten Zeit, genau dann, wenn der Tisch gedeckt war und der Kräutertee in der Kanne dampfte. Gerade rührte Packi kräftig den Teig in ihrer Schüssel an. Puppi wollte natürlich ganz genau wissen, was es denn heute für eine feine Leckerei geben sollte. Packi deutete mit einem verschmitzten Lächeln auf den Kalender für Weihnachtswichtel und dort stand für diesen Tag „Engelsaugen" auf dem Plan. Hilfsbereit holte Puppi die Marmelade aus dem Küchenschränkchen und stellte sie zur Verarbeitung bereit.

„Engelsaugen"

Zutaten für ca. 40 Stück

Für den Teig:
- 120 g Mehl
- 30 g Puderzucker
- 1 Päckchen Vanillezucker
- 1 Eigelb
- 75 g Butter (in Stücken)
- Abrieb einer halben Zitrone
- 1 Prise Salz

Für die Füllung:
- 100 g Marmelade

Der Mürbeteig:
Alle Zutaten zu einem glatten Teig verkneten. Die Arbeitsfläche mit Mehl bestäuben und den Teig fingerdick ausrollen. Anschließend den Teig für 30 Minuten in den Kühlschrank stellen und ruhen lassen. In der Zwischenzeit den Backofen auf 200°C vorheizen.
Den Teig nach der Ruhezeit in etwa 2 cm dicke Scheiben schneiden und zu kleinen Kugeln formen. Diese auf ein Backblech mit Backpapier legen und in die Teigkugeln mit einem Holzlöffel mittig kleine Mulden hineindrücken.

Die Füllung:
Eure Lieblingsmarmelade glatt rühren und damit die Teigmulden füllen. Die Engelsaugen nun im vorgeheizten Backofen bei 200°C ca. 15 Minuten goldgelb backen. Eure Engelsaugen auf einem Kuchengitter abkühlen lassen.

- Einfach lecker -

Die Plätzchen waren fertig. Packi holte sie aus dem Wurzelofen und erfreute sich an ihrem herrlichen Aussehen und dem verführerischen Duft. Sie öffnete genau in dem Moment das Wurzeltürenfenster, als eine Familie mit zwei kleinen

Kindern in Richtung Kloster wanderte. Ihr Ziel ist bestimmt der Klostergarten mit dem Klosterkaffee, wo man leckeren Kakao trinken und tollen Kuchen essen kann, dachte sich Packi. Plötzlich meinten die Kinder, dass sie schwören könnten, dass der Wald nach Plätzchen riecht. Da lachte der Vater und die Mutter sagte, das ist gewiss die Vorweihnachtszeit, die in der Luft liegt. Und gleich darauf: Wir können ja morgen selber Plätzchen backen. Die Kinder waren begeistert. Packi war stolz.

Ja, genauso funktionierte es! Das war ihre Aufgabe! Unauffällig mit Flüstern, Gerüchen und kleinen Geschenken am Wegesrand die Menschen an die schönste Zeit des Jahres zu erinnern. Sie wusste selbstverständlich, dass das nicht bei jedem Menschen klappte.

Es gab ja immer jene, die mit Bimmeldingern und Schlepptopfen durch die Natur liefen. Puppi meinte aber, dass sie auch diese armen Wesen irgendwann einmal erreichen würden. Wie erwartet, waren am Nachmittag dann die Teefreunde eingetroffen und alle genossen die lustige Runde. Hoppel erzählte, dass er am Vormittag beobachtet habe, wie der Waschbär Socke aus einem Wanderrucksack ein mit Salami belegtes Brötchen entwendete. Puppi fand das mehr als maßlos und das Eichhörnchen

Flixi meinte, dass Waschbär Socke eine Plage des gesamten Waldes sei.
Die anderen stimmten ihm zu. Socke sieht zwar ganz niedlich aus, hat es aber faustdick hinter den Ohren. Wo es ihm nur möglich war, stibitzte er, was ihm in seine kleinen diebischen Hände fiel. Hoppel der Hase meinte sogar, dass Sockes Hände so sehr kleben, dass alles, was nicht niet- und nagelfest ist, an ihm hängen bleibt. Eigentlich sollte der Name Waschbär, Programm für Socke sein, fügte Hoppel abschließend hinzu.

Nach dem Austauschen der neuesten Neuigkeiten gingen die Gäste am frühen Abend jeder in sein Häuschen. Packi fragte Puppi, ob er wüsste, wo Socke seine Wohnung habe, aber Puppi hob nur bedauernd die Arme. Schon im Bett liegend meinte Packi, dass Socke vielleicht nur eine arme Seele sei. In der Nacht setzte der erste Schneefall des Jahres ein und hüllte das kleine Wurzelhaus in einen weißen nach Zuckerwatte aussehenden Mantel.

Aus dem Schornstein quollen in den winterlich angehauchten Wald kleine graue Wolken empor.

– Advent –

Rainer Maria Rilke (1875 – 1926)

Es treibt der Wind im Winterwalde
die Flockenherde wie ein Hirt,
und manche Tanne ahnt, wie balde
sie fromm und lichterheilig wird,
und lauscht hinaus.
Den weißen Wegen streckt sie die Zweige hin – bereit,
und wehrt dem Wind und wächst entgegen
der einen Nacht der Herrlichkeit.

Am nächsten Morgen ging Puppi mit einem kleinen Besen aus Reisig vor die Wurzelhaustür und fegte einen Weg in den Schnee, welcher sich bis zur Futterstelle der Meisen hin- und wieder zurückzog. Packi wird heute gewiss das Haus nicht verlassen, dachte er sich.

Eine super Gelegenheit, in den Wald zu gehen, um einen Mistelzweig für die alte Tür und natürlich für Packi zu schneiden. Dazu hatte er sich bereits mit Flixi am Vorabend verabredet, ohne zu wissen, dass ihm der Schneefall zu Hilfe kommen würde. Sie wollten sich an der alten Buche treffen, wo von April bis in den Juni die Orchideen im Huy blühten.

In ihrer Nähe stand eine kleine Jungbuche, die in ihren Ästen das begehrte Objekt wohnen ließ. Wenn in der kalten Jahreszeit die Bäume erleichtert ihre Blätter fallen lassen, kommen die Mistelzweige sehr gut und für jedermann sichtbar zum Vorschein. Die Mistel mit ihren auffallend grünen Zweigen und weißen Früchten ist nicht nur schön anzusehen. Nein, sie ist auch ein uraltes Heilmittel. Schon unsere Vorfahren, die Germanen, waren von der Mistel fasziniert.

Sie waren der Ansicht, dass ihr Zweig, an der Haustür befestigt, einen Schutz gegen Hexen, Geister, Feuer und Blitzschlag bewirke. Frauen mit ausbleibendem Kindersegen setzten ihre Hoffnung in die Wirkung der Pflanze und trugen sie um den Hals oder legten sie unter das Kissen. Wer weiß, ob sie den einen oder anderen Kinderwunsch nicht tatsächlich erfüllte. Wie es nun zu dem Brauch des Kusses unter dem Zweig kam, ist sehr umstritten.

Im 18. Jahrhundert nannten schließlich die Engländer die Früchte der Mistel „Kuss-Kugeln". Und junge Frauen, die einen Kuss unter Selbigem bekamen, waren voller Hoffnung, im darauffolgenden Jahr geheiratet zu werden. Es gibt in England auch eine strenge Regel, die beinhaltet, dass so viele Küsse gegeben werden dürfen, wie Beeren vorhanden sind.

Sind keine Beeren am Zweig, gehen die Liebenden leer aus. Was für ein schöner Weihnachtsbrauch, dachte Puppi. Er würde einen Zweig mit ganz vielen Beeren pflücken, um den Brauch des Küssens aufrechtzuerhalten.

Einladung

Ich lade voller Vorfreude zum gemeinsamen Mistelzweigschneiden ein.

Wann:...

Wo:...

Liebe Grüße..

Als Puppi zu der alten Wurzelhütte zurückkam, band er die prächtige Mistel, die sehr viele weiße Beeren besaß, mit einem roten Band über die Wurzelhaustür. Schön sieht das aus, meinte Flixi, der für seinen eigenen Wohnhöhleneingang auch einen kleinen Zweig in den Händen hielt. Augenzwinkernd sagte er, dass man ja nie wissen könne, wer so zufällig vor der Tür stehe. Er verabschiedete sich, huschte in null Komma nichts in den Wald und war sofort im Unterholz des Waldes verschwunden. Puppi war noch nicht einmal dazu gekommen, ihn auf ein Glas Apfelpunsch einzuladen. Packi freute sich sehr über den üppigen Türschmuck und gab Puppi einen dicken Schmatzer auf die Wange. Na, klappt doch mit dem Zauber der Mistel!

Am späten Nachmittag saßen die beiden satt und zufrieden in ihren gemütlichen Ohrensesseln. Packi las Puppis Lieblingsgeschichte „Die Wichtelmänner" aus dem alten abgelederten Familienmärchenbuch vor. Im Wurzelofen knisterte das Kaminholz und in der kleinen Teekanne zog ein leckerer Kräutertee und wartete nur darauf, in kleine Teetassen gefüllt zu werden. Packi hatte in ihrer Keksdose für sie beide ein paar „Engelsaugen" aufgehoben, welche nun den Teetisch vervollständigten. Was für ein schöner Spätnachmittag!

„Die Wichtelmänner"
(Ein Märchen der Gebrüder Grimm)

Es war ein Schuster ohne seine Schuld so arm geworden, dass ihm endlich nichts mehr übrig blieb als Leder zu einem einzigen Paar Schuhe. Nun schnitt er am Abend die Schuhe zu, die wollte er den nächsten Morgen in Arbeit nehmen; und weil er ein gutes Gewissen hatte, so legte er sich ruhig zu Bett, befahl sich dem lieben Gott und schlief ein. Morgens, nachdem er sein Gebet verrichtet hatte und sich zur Arbeit niedersetzen wollte, so standen die beiden Schuhe ganz fertig auf seinem Tisch. Er verwunderte sich und wusste nicht, was er dazu sagen sollte. Er nahm die Schuhe in die Hand, um sie näher zu betrachten: sie waren so sauber gearbeitet, dass kein Stich daran falsch war, gerade als wenn es ein Meisterstück sein sollte. Bald darauf trat auch schon ein Käufer ein, und weil ihm die Schuhe so gut gefielen, so bezahlte er mehr als gewöhnlich dafür, und der Schuster konnte von dem Geld Leder zu zwei Paar Schuhen erhandeln. Er schnitt sie abends zu und wollte den nächsten Morgen mit frischem Mut an die Arbeit gehen, aber er brauchte es nicht, denn als er aufstand, waren sie schon fertig, und es blieben auch nicht die Käufer aus, die ihm so viel Geld gaben, dass er Leder zu vier Paar Schuhen einkaufen konnte. Er fand frühmorgens auch die vier Paar fertig; und so ging es immer fort, was er abends zuschnitt, das war am Morgen verarbeitet, also dass er bald wieder sein ehrliches Auskommen hatte und endlich ein wohlhabender Mann ward. Nun geschah es eines Abends nicht lange vor Weihnachten, als der Mann wieder zugeschnitten hatte, dass er vor dem Schlafengehen zu seiner Frau sprach: ‚Wie wär's, wenn wir diese Nacht aufblieben, um zu sehen, wer uns solche hilfreiche Hand leistet?' Die Frau war's zufrieden und steckte ein Licht an; darauf verbargen sie sich in der Stubenecke, hinter den Kleidern, die da aufgehängt waren, und gaben acht. Als es Mitternacht war, da kamen zwei kleine niedliche nackte Männlein, setzten sich vor des Schusters Tisch, nahmen alle zugeschnittene

Arbeit zu sich und fingen an, mit ihren Fingerlein so behend und schnell zu stechen, zu nähen, zu klopfen, dass der Schuster vor Verwunderung die Augen nicht abwenden konnte. Sie ließen nicht nach, bis alles zu Ende gebracht war und fertig auf dem Tische stand, dann sprangen sie schnell fort. Am andern Morgen sprach die Frau: ‚Die kleinen Männer haben uns reich gemacht, wir müssten uns doch dankbar dafür bezeigen. Sie laufen so herum, haben nichts am Leib und müssen frieren. Weißt du was? Ich will Hemdlein, Rock, Wams und Höslein für sie nähen, auch jedem ein Paar Strümpfe stricken; mach du jedem ein Paar Schühlein dazu.' Der Mann sprach: ‚Das bin ich wohl zufrieden,' und abends, wie sie alles fertig hatten, legten sie die Geschenke statt der zugeschnittenen Arbeit zusammen auf den Tisch und versteckten sich dann, um mit anzusehen, wie sich die Männlein dazu an-stellen würden. Um Mitternacht kamen sie herangesprungen und wollten sich gleich an die Arbeit machen, als sie aber kein zugeschnittenes Leder, sondern die niedlichen Kleidungsstücke fanden, verwunderten sie sich erst, dann aber bezeigten sie eine gewaltige Freude. Mit der größten Geschwindigkeit zogen sie sich an, strichen die schönen Kleider am Leib und sangen:

‚Sind wir nicht Knaben glatt und fein?
Was sollen wir länger Schuster sein!'

Dann hüpften und tanzten sie, und sprangen über Stühle und Bänke. Endlich tanzten sie zur Tür hinaus. Von nun an kamen sie nicht wieder, dem Schuster aber ging es wohl, solang er lebte, und es glückte ihm alles, was er unternahm.

So vergingen die Tage und zogen ins Land. Puppi und Packi hatten ja alle Hände voll zu tun. Jedem einzelnen Tag gaben sie ihre volle Aufmerksamkeit. Der Zeitplan war eng gesetzt und es war noch einiges zu erledigen. Die Menschen mussten noch kräftig in Stimmung gebracht werden. Izifritz der Igel, der seinen Blätterverschlag im Garten des Klosters unter einer alten Sitzbank in einem ausgedienten Topf eingerichtet hatte, steckte, so oft es ging, sein Näschen aus dem Bau und beobachtete das Treiben der Gäste im Kloster. Ab und an, nur wenn es nicht zu kalt war, nahm er den langen Weg auf sich und trollte sich mit seinen kurzen Stummelbeinchen durch den Huywald, um die Weihnachtswichtel in ihrem Wurzelhaus zu besuchen. Dann sprach er bei einem Glas Ingwerlikör über das Treiben der Menschen und auch darüber, welche Stimmung in der Luft lag. Denn ihr müsst wissen, Igel können zwar nicht gut sehen, aber dafür sehr gut riechen. Er knabberte an einer Apfelhälfte, plauderte munter vor sich hin und griff dann zur nächsten Apfelspalte. Er hatte einen Bärenhunger! Bald würde die Zeit des langen Schlafes kommen und er wollte gut darauf vorbereitet sein. Puppi schenkte Likör nach und sie plauderten weiter.

„Ingwerlikör"

Zutaten:
- 70 g Ingwer
- 1 Vanilleschote
- 5 Walnüsse
- 250 g Kandiszucker weiß
- ¾ Liter Wodka, Korn oder Rum

Zubereitung:
Kandis in einen Behälter mit großer Öffnung (am besten ein Einweckglas) geben.

Nun den Ingwer in kleine Scheiben schneiden und dazugeben. Die Vanilleschote der Länge nach aufschneiden und das Mark herausschaben. Ab in das Glas damit!

Walnüsse und den Alkohol hinzufügen und das Glas mit seinem Inhalt gut verschlossen zehn Tage an einem kühlen, dunklen Ort ziehen lassen. Nach der Ruhezeit den Likör durch ein Sieb gießen und in eine Flasche umfüllen.
Der Likör sollte innerhalb von 3 Monaten getrunken werden.

Tipp: Ein Gläschen vor den Mahlzeiten regt den Appetit und die Verdauung an.

Als Izifritz zur Mittagszeit sich auf den Weg zurück zu seinem Laubtopf in dem Klostergarten machen wollte, zupfte Packi ihm noch das ein oder andere Blatt aus dem Nadelmantel und gab ihm ein Fläschchen Ingwerlikör mit auf den Weg. Für frostige Nächte, meinte sie.

Sie wusste, dass er in den nächsten Monaten diesen Weg zu ihnen nicht mehr einschlagen würde. Für ihn war die Zeit der Ruhe zum Greifen nahe, denn der Oktober lag in seinen letzten Zügen. Von November bis März würde er seinen Laubtopf nicht mehr verlassen.
Die Zeit des Winterschlafes zog sich bis zu 5 Monaten hin und er musste sich einiges an Speck angefressen haben, um diese Zeit mit einem langen gesunden Schlaf füllen zu können.
Puppi und Packi versprachen dem Igel, dass sie ihn im Frühjahr im Klostergarten an seinem alten Blättertopf besuchen würden, um ihm den Neustart in die nächste Saison mit einer ersten guten Mahlzeit zu erleichtern.

Über Izifritz`s Gesicht huschte ein Lächeln, denn er war froh, solche Freunde zu haben. Nun musste er sich beeilen. Der Weg war weit und seine kleinen Stummelbeinchen brauchten die ein oder andere Pause.

Bis er an seinem Winterquartier angekommen war, würde einige Zeit vergehen. Mit der Likörflasche im Schlepptau und einem Pfeifen auf den Lippen zog Izifritz gut gelaunt durch den Huywald zurück zu seinem Laubtopf, der sicher im Klostergarten auf ihn wartete.

„Apfelpunsch"

Zutaten für 4 Tassen:
- 500 ml Apfelsaft
- 400 ml trockener Weißwein
- 100 ml Amaretto
- 1 Päckchen Vanillezucker
- 2 Äpfel

Zubereitung:
Ihr nehmt eure Äpfel und wascht sie erst einmal gründlich ab.

Dann viertelt ihr sie und entfernt das Kerngehäuse. Als nächstes schneidet ihr sie in kleine Würfel. Den Saft, den Wein und den Amaretto mit dem Vanillezucker in einen Topf geben und bei mittlerer Hitze alles verrühren.

Nun die Apfelstücke auf die Tassen verteilen und mit heißem Punsch aufgießen.

Puppi schaute auf den Weihnachtswichtelkalender. Oje, es war höchste Zeit, den Teig für die Stollen anzusetzen. Emsig trugen die Wichtel alle Zutaten zusammen. Aber irgendetwas fehlte! Packi sah auf den alten Holztisch neben dem grünen Küchenschrank. Sie hatten Mehl, Zucker, Zitrone, Salz, Milch und viele andere Zutaten schon beisammen. Plötzlich ging ihr ein Licht auf! Die Nüsse waren es, die fehlten.

Keine Nüsse mehr im Wurzelhaus! Wie konnte das passieren? Puppi schlug vor, dass Packi mit dem Mischen der Zutaten schon einmal anfangen solle. Er würde zu Flixi dem Eichhörnchen gehen und um Nüsse bitten. Flixi wohnte hoch oben in einer uralten Buche, die nur wenige Schritte von ihrem Wurzelhaus entfernt stand. Über eine kleine Strickleiter, die aus Ästen und Hanf gebunden war, kletterte Puppi zur Baumhöhlentür seines Freundes und klopfte kräftig. Ein dumpfer Ton hallte durch die alte Buche und er hörte, wie Flixi flink zur Tür geeilt kam, um neugierig festzustellen, wer wohl heute sein Gast sein würde. Mit Freuden gab er gern einen Teil seiner Wal- und Haselnüsse ab, wusste er doch, dass Puppi ein Stück vom leckeren Stollen

zu ihm hinauf in die Buche bringen würde. Und was gab es schließlich Schöneres, als mit lieben Freunden zu teilen. Mit einem riesigen Sack voller Nüsse kletterte Puppi die Buche hinunter und lief zurück in die Wurzelküche. Packi war schon schwer am Teigkneten und freute sich auf die Zugabe der leckeren Nüsse. Das gibt ein Extrastück für Flixi!

Nachdem der Teig gegangen und fertig geknetet war, formten die beiden daraus kleine Ministollen. Diese legten sie auf ein Backblech und schoben die Köstlichkeiten in den vorgeheizten Wurzelofen. Ein berauschender Duft zog bald darauf durch das kleine Wurzelhaus und besinnliche Stimmung machte sich in der Behausung breit. Flixis Nase zuckte vor Freude, als der Duft seinen Bau erreichte und er freute sich schon jetzt auf seinen leckeren Ministollen. Es roch förmlich nach Weihnachten, wenn der Duft wie in jedem Jahr bis hinauf zum Kloster zog.
Über den Huywald hinweg bis in die Dörfer des benachbarten Waldes.
Nun müssen doch alle Menschen, die in der Umgebung des Huywaldes wohnen, nur so mit Weihnachtsstimmung überrollt werden!

„Ministollen"

Zutaten für ca. 20 Stück
- 500 g Mehl, Type 550
- 60 g Zucker
- Abrieb einer halben Zitrone
- 7 g Salz,
- 7 g Stollengewürz
- 225 g Butter
- 350 g Sultaninen
- 100 g Orangeat
- 180 ml Milch
- 40 g Hefe
- 100 g Zitronat
- 70 g Rum
- 40 g Marzipanrohmasse
- 50 g Macadamia-Nüsse
- 100 g ganze braune Nüsse
- Puderzucker zum Dekorieren

Zubereitung:
Die Trockenfrüchte (Sultaninen, Orangeat, Zitronat) am Vortag in Rum einweichen. Nun kneten wir den Vorteig mit 300 g Mehl, der Milch und der Hefe ca. 4 Minuten durch.
Im Anschluss lassen wir ihn 30 Minuten ruhen. Butter, Marzipan, Zucker und das Salz verkneten wir zu einer klumpenfreien Butterpaste.

Diese mit dem Vorteig, den Gewürzen, dem Zitronenabrieb und dem restlichen Mehl zu einem Teig mischen. Die Rumfrüchte und Nüsse einarbeiten. Anschließend aus der Masse 10 cm lange Stangen formen. In der Zwischenzeit den Backofen auf 180°C vorheizen. Die Ministollen 20 bis 25 Minuten goldbraun backen. Nach dem Backen die warmen Stollen in warmer Butter sowie Zucker wälzen. Nach dem Abkühlen die Ministollen mit Puderzucker bestreuen.

Es war der letzte Tag im Oktober und Hoppel der Hase hatte alle seine Freunde zu einem großen Fest eingeladen. Das war schon Tradition.

Für ein Picknick im Freien war es bereits viel zu kalt, aber in seinem Hasenbau war genügend Platz für alle und außerdem war es kuschelig warm.

Der Eingang des Hasenbaus lag in der Nähe des Röderhofer Teiches und war umgeben von Haselnusssträuchern. Im Sommer blühte vor seinem Eingang eine gewaltige Gundelrebe, die den Eingang zum Hasenbau verbarg. Ihre Blätter waren wie kleine grüne Schirmchen aufgespannt und ihre violetten Blüten waren wunderschön anzusehen und sehr lecker.

Nun aber, da die Blätter durch den Herbstwind von den Bäumen und Sträuchern abgepflückt worden waren, konnte man den tiefen Zugang leicht erkennen. Ein kleines Schild, welches Hoppel extra für seine Freunde aufgestellt hatte, wies darauf hin, dass heute eine Party stattfinden sollte. Jeder brachte etwas mit. Flixi schleppte einen ganzen Haufen Nüsse herbei,

dazu Walderdbeeren im Glas und Sonnenblumenkerne, die er im Herbst am Rande des Waldes gesammelt hatte.

Ein Landwirt bedachte jedes Jahr die kleinen Tiere der Umgebung und umsäumte seinen Acker mit einem Streifen Sonnenblumen, worüber sich viele Tiere des Huywaldes freuten. Hoppel hatte den beiden Weihnachtswichteln geschrieben, dass sie doch bitte etwas total Cooles zum Trinken mitbringen sollten.
Na, da würden die beiden sich aber etwas ganz Besonderes einfallen lassen.

Puppi hatte bereits einige Tage zuvor den Vorschlag unterbreitet, einen exotischen Glühwein zu brauen. Was für eine tolle Idee!

Bisher hatten sie immer nur einheimische Rezepte ausprobiert. Wenn nicht heute, wann dann?

So könnten sie ihr neues Rezept ihren Freunden vorstellen.

„Exotischer Glühwein"

Zutaten:
- ½ l Mango-Maracuja-Saft
- 700 ml süßer Weißwein
- 60 g frischer Ingwer
- 4 Stängel Zitronengras
- ½ Bio-Limette
- 5 Pimentkörner

Zubereitung:
Als Erstes nehmen wir uns den Ingwer vor und schälen ihn. Anschließend schneiden wir ihn in feine Scheiben. Das Zitronengras abwaschen, die äußere Schicht entfernen, dann die Stängel in feine Streifen schneiden. Nun kommen wir zu unserer Limette. Diese waschen wir mit heißem Wasser ab und schneiden sie in Spalten.

Weißwein, Mango-Maracuja-Saft, Ingwer, Limetten, Zitronengrasstreifen und Pimentkörner zusammen in einem Topf erhitzen. Bitte dabei beachten, dass es nicht zum Kochen kommt! Den exotischen Glühwein bei mittlerer Hitze etwa 10 Minuten ziehen lassen. Wer mag, kann den Glühwein mit Zucker abschmecken.

Das Servieren ist nun ein Kinderspiel! Ab in die Tasse oder in ein Glühweinglas und mit einem Zitronengrasstängel dekorieren.

Als die Party bei Hoppel so richtig im Gange war, hörte die Feiergemeinde ein eigenartiges Raspeln, welches aus der Richtung des Einganges kam. Was konnte das sein?
Alle Gäste waren doch schon im Hasenbau und Izifritz lag schlafend in seinem Laubtopf. Neugierig gingen sie dem Geräusch entgegen und sahen, wie Socke der Waschbär versuchte, eine Walnuss aufzubrechen, die Flixi auf dem Weg in den Bau verloren hatte.

Wenn er so weit in den Hasenbau kriecht, um etwas Essbares zu finden, muss Socke wirklich hungrig sein, dachte Packi. Plötzlich hatte sie Mitleid mit dem kleinen Räuber. Sie sah in die Runde und schlug vor, dass er in den Hasenbau kommen dürfe. Wenn Socke sich benehmen würde, dürfe er an ihrer reichlich gedeckten Tafel einen Platz einnehmen. Alle waren einverstanden! Puppi kletterte aus dem Hasenbau und verhandelte mit Socke. Er solle sich benehmen, die Tischmanieren achten und alles, was nicht

ihm gehöre, bitte stehen lassen. Da der kleine Bär sehr hungrig war, willigte er ein. Er putzte sich schnell noch vor dem Baueingang sein Fell und wuschelte seinen Waschbärenschwanz auf. Er wollte ja einen ordentlichen Eindruck hinterlassen. Als die Feiergesellschaft satt und mit dicken Bäuchen durch das leckere Essen es sich gemütlich gemacht hatte, holte Packi den Topf mit dem exotischen Glühwein hervor. Sogleich wurde ein Feuerchen im Hasenherd entfacht und das Getränk erwärmt. Was für eine besinnliche Stimmung!

Waschbär Socke wollte sich irgendwie bedanken und er überlegte, wie er das am besten bewerkstelligen könne. Da blitzte in ihm eine Idee auf. Er kuschelte sich mit seiner Tasse Glühwein auf dem Hasensofa ein und erklärte, dass er eine Geschichte erzählen möchte. Das hatte keiner erwartet! Socke, ein Romantiker? Beseelt von der anheimelnden Stimmung begann er:

Sternentaler

(Ein Märchen der Gebrüder Grimm)

Es war einmal ein kleines Mädchen, dem war Vater und Mutter gestorben, und es war so arm, dass es kein Kämmerchen mehr hatte, darin zu wohnen, und kein Bettchen mehr hatte, darin zu schlafen, und endlich gar nichts mehr als die Kleider auf dem Leib und ein Stückchen Brot in der Hand, das ihm ein mitleidiges Herz geschenkt hatte. Es war aber gut und fromm. Und weil es so von aller Welt verlassen war, ging es im Vertrauen auf den lieben Gott hinaus ins Feld.

Da begegnete ihm ein armer Mann, der sprach: „Ach, gib mir etwas zu essen, ich bin so hungrig." Es reichte ihm das ganze Stückchen Brot und sagte: „Gott segne dir's", und ging weiter. Da kam ein Kind, das jammerte und sprach: „Es friert mich so an meinem Kopfe, schenk mir etwas, womit ich ihn bedecken kann." Da tat es seine Mütze ab und gab sie ihm. Und als es noch eine Weile gegangen war, kam wieder ein Kind und hatte kein Leibchen an und fror: da gab es ihm seins; und noch weiter, da bat eins um ein Röcklein, das gab es auch von sich hin. Endlich gelangte es in einen Wald, und es war schon dunkel geworden, da kam noch eins und bat um ein Hemdlein, und das fromme Mädchen dachte: „Es ist dunkle Nacht, da sieht dich niemand, du kannst wohl dein Hemd weggeben", und zog das Hemd ab und gab es auch noch hin.

Und wie es so stand und gar nichts mehr hatte, fielen auf einmal die Sterne vom Himmel, und waren lauter blanke Taler, und ob es gleich sein Hemdlein weggegeben, so hatte es ein neues an, und das war vom allerfeinsten Linnen. Da sammelte es sich die Taler hinein und war reich für sein Lebtag.

Lange noch erzählten Packi und Puppi von diesem wunderschönen Abend bei Hoppel im Hasenbau. Sie sahen Socke den Waschbären jetzt mit ganz anderen Augen. Wie man sich doch in einem Wesen täuschen kann, meinte Puppi. Der Oktober verabschiedete sich leise, aber bestimmt, mit einem schönen Sonnenuntergang und der November brachte die Kälte und den Regen mit sich. Es regnete nun schon seit mehr als zwei Tagen und Packi war komplett niedergeschlagen. Der Huywald war natürlich auch im Regen einen Spaziergang wert, aber diese Kälte kroch ihr in die Glieder und Packi überkam eine heftige Welle Trübsal. Es fiel ihr schwer, am Morgen die Meisenfamilie zu füttern oder am Wurzeleingang die Fliegenpilze zu putzen. Sie war einfach nicht gut drauf, wie man das bei den Menschen so sagte.

Das bekam natürlich auch Puppi mit.

Da erinnerte er sich an ein kleines, aber effektives Rezept von seiner Großmutter.

Da müssten doch noch genügend Äpfel im Wurzelkeller liegen! Wenn der eine oder andere fehlte, würde das bestimmt nicht auffallen. Er huschte in die Küche und kramte in dem Rezeptbuch seiner Ururururuoma Gundel herum. Wo war denn nur das Rezept gegen Trübsal?

Ach, da war es!

Gleich neben dem Rezept vom Apfelpunsch und vor dem vom Ingwerlikör.

42

Oma Gundels Rezept gegen Trübsal

Die dunkle Jahreszeit, der Winter, kann dem einen oder anderen schon einmal auf das Gemüt schlagen. Dagegen hilft am besten ein Duft aus der Kindheit. „Omas Apfelkuchen mit Zimt" zum Beispiel und schon huscht mir ein Lächeln über die Lippen. Nun gibt es zwei Möglichkeiten:

1. Wir backen einen Kuchen!

oder

2. Wer keinen Kuchen backen möchte, für den habe ich einen Tipp!
Ihr nehmt ein paar Äpfel mit Wasser und Zucker, kocht das ganze auf. Die eingekochte Masse seiht ihr durch ein Sieb ab und streut Zimt darüber. Nach dem Abkühlen habt ihr ein süßes Apfelkompott, das eure Seele von innen wärmt und an Omas Apfel-Zimt-Kuchen erinnert.

Als Packi dieser weihnachtliche Duft in die Nase stieg, begann sie zu lächeln und drückte ihren Puppi sehr. Das Apfelkompott kam genau zur richtigen Zeit. Ja, Puppi kannte seine Packi! Er war immer für sie da, so wie sie immer für ihn da war! Sie liebten ihr Wurzelhäuschen und freuten sich über jeden Besuch, der da kam. Nun war die Laune wieder auf dem absoluten Höhepunkt und der Regen hörte auch schon bald auf. Das Moos auf dem Wurzeldach strahlte in einem satten Grün der Morgensonne entgegen. Die Welt war wieder in Ordnung und die Ärmel konnten wieder hochgekrempelt werden. Weihnachtsduft muss her, meinte Packi. Ohne Weihnachtsduft gibt es keine richtige Vorweihnachtszeit, zumal sich der Schnee noch nicht in den Huywald traut, stellte sie fest. Aus einem kleinen Korb, der im hinteren Vorratszimmer stand, brachte Puppi Orangen, Kräuter und Gewürznelken in die Küche. Packi zupfte etwas Moos vom Dach und legte es in eine Schale aus roter Keramik.

Orangen mit Nelken

Warme Farben wie orange, braun oder ein sehr warmes Rot haben einen starken Einfluss auf unsere Gefühle. Die Farbe einer Orange wirkt vitalisierend und macht uns fröhlich. In meiner Kindheit stellte meine Mutter eine Schale mit Orangen, die mit Gewürznelken gespickt waren, auf den Stubentisch. Der Raum füllte sich mit dem besten Weihnachtsduft, den man sich vorstellen kann. Eine Stimmung aus Vorfreude, Wohlgefühl und Wärme verbreitete sich im Raum und der Weihnachtsschmuck sah gleich noch ein bisschen weihnachtlicher aus.

Einladung

Tipp: Rolle die Einladung ein und binde sie an eine Flasche Ingwerlikör.

Ich lade voller Vorfreude zum gemeinsamen Glühweinabend ein.

Wann:..

Wo:..

Liebe Grüße..

Es war bereits Mitte November und die Huywald-weihnachtswichtel backten und kochten, soviel sie nur konnten. Jeden Tag lag ein anderer Weihnachtsduft in der Luft und das machte sie so glücklich! Nachmittags gingen sie in den Huywald und halfen den Tieren bei der Suche nach etwas Essbarem.

Der November, so regnerisch er begann, so kalt wurde er in der zweiten Hälfte. Sie hielten Ausschau nach Stellen, wo der „Gute Geist des Huywaldes", wie sie ihren Förster liebevoll nannten, etwas ausgelegt hatte. Kastanien, welche die Kinder im Herbst gesammelt und zu ihm gebracht hatten, im Wissen, dass sie Gutes für die Tiere des Waldes taten. Oder sie schauten nach, ob die Wildtierfutterstellen schon wieder neu befüllt waren. Ihr solltet wissen, dass die Tiere des Waldes, wie Rehe zum Beispiel, kein altes Brot fressen dürfen. Sie sind Pflanzenfresser und würden das Brot nicht gut verdauen können. Ihr würdet ihnen mehr schaden als nutzen. Heu ist ganz sicher das bessere Futter! Wie die zwei Weihnachtswichtel nun so durch den Wald stapften, begann es endlich zu schneien. Ganz leise durchbrachen einzelne

Flöckchen das Buchenwalddach, das nur noch aus kahlen Ästen bestand. Aus dem zunächst kleinen Schneerieseln wurde in kurzer Zeit ein Tanz der Schneeflocken.

Nur gut, dass sie dick angezogen waren und so das lustige Schneetreiben genießen konnten. Packi hüpfte vor Freude! Endlich sah der Wald aus, wie ein Winterlandhuywald zur Weihnachtszeit auszusehen hatte, weiß! Auf dem Heimweg fing Packi dann an, ein Lied zu singen und Puppi brummte leise mit.

Leise rieselt der Schnee

Eduard Ebel (1839 - 1905)

Leise rieselt der Schnee,
still und starr ruht der See
weihnachtlich glänzet der Wald:
Freue dich, Christkind kommt bald!
In den Herzen ist's warm,
still schweigt Kummer und Harm,
Sorge des Lebens verhallt:
Freue dich, Christkind kommt bald!
Bald ist heilige Nacht,
Chor der Engel erwacht,
hört nur, wie lieblich es schallt:
Freue dich, Christkind kommt bald!

Nun wurde es auch langsam Zeit, dass Packi und Puppi ihre vielen Wichtelgeschenke herstellten. Dafür hatten beide das ganze Jahr über kleine Rindenstücke im Wald gesammelt.

Diese bewahrte Puppi in dem Erdkeller gleich hinter ihrem Wurzelhäuschen auf. Hier lagerten so einige „Schätzchen": große Weinballons, Mais vom Sommer, Äpfel und Birnen, die auf einem Bett aus Stroh schliefen, Gurken im Glas, eingekochte Früchte des Waldes und viele andere schöne Leckereien.

Nicht zu vergessen, auch so manch vorzüglicher Schnaps aus Haselnüssen und selbstverständlich der weltbeste Eierlikör. Packi musste immer niesen, wenn sie davon ein Becherchen mit Puppi trank. In einer besonderen Ecke stand die Weidenkiepe, in der unter anderem die Rindenstücke aufbewahrt wurden. Puppi nahm die Kiepe und ging in das Wurzelhäuschen, stellte sie neben den alten Wurzeltisch und legte eine schützende Decke darauf.

Er wusste, dass es Packi nicht gern sah, wenn er in der Küche krümelte. Bei Rindenresten

passierte das ganz sicher, deshalb war es besser, Vorsorge zu treffen. Schnell ging er an seine kleine Werkzeugkiste und holte einen Holzbohrer hervor. Er war für die groben Arbeiten zuständig und Packi für die Feinheiten.

Schnell setzte Packi noch eine wärmende Wintersuppe für den Abend auf den Wurzelofen und nahm dann aus ihrer Nähkiste glitzernde Fäden und eine Nadel hervor.

Die Arbeit begann! Der eine bohrte und die andere nähte. Bis zum Abend hatten sie mehrere Adventssternanhänger hergestellt.

Nach getaner Arbeit schmeckte die Suppe einfach nur köstlich. Sie roch nicht nur fantastisch, sondern wärmte herrlich von innen.
Beim Essen planten sie, wo sie überall im Wald und im Kloster die Geschenkanhänger für die Menschen verstecken wollten.

Zum Zeichen der Freundschaft sollten natürlich auch die Geschenke ihrer Freunde mit solch einem Anhänger geschmückt werden.

Sterne in der Adventszeit

Um diese kleinen Schmuckanhänger basteln zu können, müsst ihr erst einmal einen kleinen Spaziergang in den Wald machen. Sucht euch ein paar schöne Rindenstücke, die dort herumliegen und genießt dabei die euch umgebende Natur. Zu Hause angekommen kann es dann losgehen.

Was braucht ihr außerdem?
- Garn, auch Glitzergarn
- einen Holzbohrer, eine Sticknadel
- einen Stift und Papier

Überlegt euch zunächst, wie euer Stern aussehen soll und fertigt eine kleine Skizze davon an. Diese legt ihr auf das Rindenstück. Jetzt bohrt ihr mit dem Holzbohrer die einzelnen Punkte des Sternes durch die Rinde. Anschließend fädelt ihr euer Garn durch die entstandenen Löcher (eventuell mit der Sticknadel) und bindet die Enden auf der Rückseite zusammen. Wer mag, kann noch einen Anhänger befestigen. Nun ist der Adventsstern bereit verschenkt zu werden.

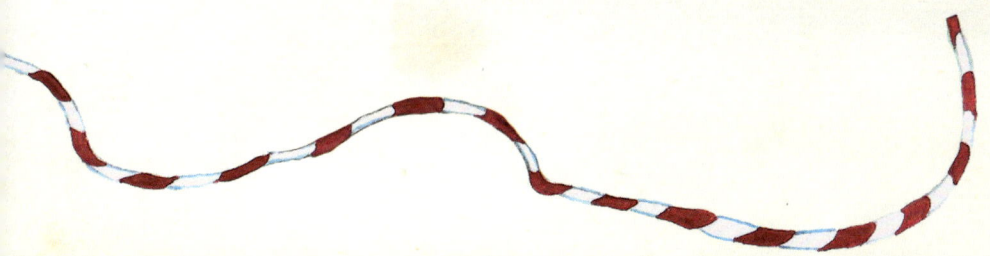

Der November verließ den Huywald und seine Bewohner mit einem riesigen Vollmond. Er leuchtete wie eine große silberne Scheibe und färbte das Moos. Der Nebelschleier, der sich wabernd über den Waldboden ergoss, erstrahlte in einem kühlen Smaragdgrün.

Der gesamte Wald war zu einem magischen von Raureif überzogenen Zauberwald geworden. Endlich war es soweit! Der Dezember brach an. Packis und Puppis wichtigster Monat! Mit Beginn des Monats sahen sie den alten, zerzausten, in schäbige Kleider gehüllten Gesellen. Er schaute grimmig mit dunklen kühlen Augen in den Wald. Sein schwarzer Umhang wurde nur durch einen alten Strick gehalten. Sein Gesicht war überwuchert von einem mächtigen schwarzen Bart.

Seine Stiefel waren aus Ziegenleder, die wie alte Lappen an ihm hingen. Auf seinem Haupt trug er eine Art Mütze, aus der zwei riesige Hörner ragten. Mit seinen gewaltigen Pranken suchte er zielsicher im Unterholz. Sofort war den beiden Wichteln klar, wer da im Huywald sein Unwesen trieb. Es war Knecht Ruprecht, der Gehilfe vom Nikolaus. Ja, ihr habt richtig gelesen! Knecht Ruprecht! In manchen Gegenden unserer Erde wird er auch Krampus oder Belznickel genannt.

Er ist schlicht und einfach dafür verantwortlich, am Nikolaustag ungezogene Kinder zu bestrafen. Heute war er auf der Suche nach geeignetem Material für seine Rute!

Gut musste sie in der Hand liegen! Dazu sammelte er nur die besten Buchenzweige. Grob und gut verzweigt sollten sie sein. Geeignet, um kleinen Unholden ihre gerechte Strafe zukommen zu lassen. Knecht Ruprecht genoss seinen Ruf als Kinderschreck sehr und so manches Kind besann sich bei seinem angst-einflößenden Anblick der eigenen Boshaftigkeit.

Knecht Ruprecht

Theodor Storm (1817-1888)

Von drauß' vom Walde komm ich her;
ich muss euch sagen, es weihnachtet sehr!
Allüberall auf den Tannenspitzen sah ich goldne Lichtlein sitzen
und droben aus dem Himmelstor
sah mit großen Augen das Christkind hervor.
Und wie ich so strolcht durch den finstern Tann,
da rief's mich mit heller Stimme an:

„Knecht Ruprecht", rief es, „alter Gesell,
hebe die Beine und spute dich schnell!
Die Kerzen fangen zu brennen an,
das Himmelstor ist aufgetan,
alt und jung sollen nun von der Jagd des Lebens einmal ruh'n,
und morgen flieg' ich hinab zu Erden;
denn es soll wieder Weihnachten werden!"

Ich sprach: „ O, lieber Herre Christ,
meine Reise fast zu Ende ist; ich soll nur noch in diese Stadt,
wo's eitel gute Kinder hat."
„Hast denn das Säcklein auch bei dir?"
Ich sprach: „Das Säcklein, das ist hier;
denn Äpfel, Nuß und Mandelkern essen fromme Kinder gern."
„Hast denn die Rute auch bei dir?"
Ich sprach: „Die Rute, die ist hier;
doch für die Kinder nur, die schlechten, die trifft sie auf den Teil, den rechten!"
Christkindlein sprach: „So ist es recht;
so geh mit Gott, mein treuer Knecht!"

Von drauß', vom Walde komm' ich her;
ich muß euch sagen, es weihnachtet sehr!
Nun sprecht, wie ich's hierinnen find'!
Sind's gute Kind', sind's böse Kind'?

Der Nikolaustag brach an. Es war früher Morgen, noch fast Nacht und durch das Astwerk blitzte der ein oder andere Stern. Packi schlüpfte aus ihrem mit Moos und Stroh ausgelegten Wiegenbettchen und zog sich ihre Wichtelschuhe an.

Leise schlich sie sich bis zur Küche und holte einen kleinen Teller mit einem Apfel und einer Kerze aus dem Schrank. Beides stellte sie vorsichtig auf Puppis Platz, an dem seine blitzblank geputzten Schuhe standen. Zusätzlich platzierte sie noch einige Nüsse und Orangen in seine grünen spitzen Wichtelschuhe und legte ein paar Plätzchen davor.

Anschließend schlich sie sich zurück in ihr Bettchen und schlief schnell wieder ein. Kurze Zeit darauf erwachte Puppi, schaute sich um und lauschte, ob seine Packi noch schlief. Schnell huschte er aus seiner Wichtelhängematte und schlich sich barfuß bis an seine Werkzeugkiste, die neben der Eingangstür stand.

Er schaute sich noch einige Male um, denn er wollte ganz sicher sein, dass Packi noch schlief und nichts von seinem Plan mitbekam. Er griff

in seine Kiste und zum Vorschein kam ein Rindenstück. Statt eines Sternes hatte er ein wunderschönes Herz gebastelt. Schnell legte er es seiner Packi auf den Küchentisch.

Er wusste, dass sie heute ganz in der Frühe den Tisch decken würde. So würde die Überraschung gelingen! Das war sein Plan.

Der „Nikolausapfel
Kerzenständer"

Oh, da werden erneut Erinnerungen wach! In meiner Kindheit haben wir diesen Kerzenständer in der Schule gebastelt und dann unseren Eltern am Nikolaustag geschenkt.

Was braucht ihr?
- einen Apfel (Sorte egal)
- Apfelausstecher
- eine kleine, schmale Kerze
- einen Teller oder ähnliches
- Dekorationsmaterial

Äpfel gibt es zu dieser Jahreszeit reichlich. Sucht euch den aus, der am besten stehen kann.

Das ist wichtig!

Das Kerngehäuse des Apfels wird mit dem Ausstecher bis zur Hälfte entfernt, sodass ihr die Kerze hineinstecken könnt. Nun könnt ihr das Ganze nach Belieben dekorieren.

Statt eines Tellers bevorzuge ich persönlich ein Moosbett, worauf ich den Apfel lege.
Das Rot des Apfels und das saftige Grün des Mooses harmonieren sehr gut als weihnachtliche Farben miteinander

Packi und Puppi waren überrascht. Irgendjemand hatte sich doch tatsächlich in der Nacht Zugang zu ihrem Wurzelhäuschen verschafft und ihnen Nikolausgeschenke gebracht. Wer das wohl gewesen ist?

Packi war überzeugt davon, dass es der Nikolaus höchstpersönlich war. Beide lächelten sich an und freuten sich über ihre Überraschungen. Natürlich wusste jeder vom anderen, dass er der Nikolaus war, aber das schien die beiden Weihnachtswichtel nicht zu stören.

Am Abend zuvor waren sie bis spät in die Nacht hinein noch im Wald unterwegs gewesen und hatten ihre kleinen Nikolausüberraschungen verteilt. Natürlich auch bei ihren Freunden Hoppel und Flixi.

Packi war der Meinung, dass sie auch den Waschbären Socke bedenken sollten. Schließlich war er ja ein Teil des Waldes und somit ein Teil ihrer Waldfamilie. Gerne hätte sie sein Gesicht gesehen, nachdem er von seinem Eichenbaum heruntergerollt war,

um sich am Nikolausmorgen in dem kleinem Zinkeimer zu waschen, den er am untersten Ast des Baumes verzurrt hatte. Sie hatten nämlich neben den Zinkeimer ein kleines Säckchen mit leckeren Keksen, einen Apfel und einen Zettel mit lieben Grüßen vom Nikolaus gehängt.

Die Kekse hatten Puppi und Packi am Vorabend gebacken. Zur Unterstützung hatten sie laut ihre weihnachtliche Musik gehört. Was sie Leckeres gebacken hatten? Es waren die Spritzplätzchen von Oma Elisabeth, die sich seit fünf Generationen bewährten.

Ein Muss zur Weihnachtszeit!

Oma Elisabeths Spritzgebäck

In Omas altem Rezept wurden noch alte Mengenangaben verwendet.
Omas ‚Pfund' habe ich für euch durch 500 g ersetzt.

Zutaten:
- 1,5 kg Mehl
- 750 g Butter
- 4 Eier
- 875 g Zucker
- 3 Päckchen Vanillezucker
- 1 Päckchen Backpulver

Zubereitung:
Ihr mengt alles zu einem Teig zusammen und formt daraus mehrere Rollen.
Dann wickelt ihr diese in Folie ein und legt die Röllchen für mindestens einen Tag in
den Kühlschrank, wo sie ruhen können.

Oma Elisabeth formte die Plätzchen immer mit ihrem Fleischwolf. Ihr könnt den Teig auch in Spritz-
tüten mit einem sternförmigen Aufsatz füllen und ihn direkt auf das Backblech spritzen.

Anschließend werden die Plätzchen bei 180°C goldbraun im Ofen gebacken. Sie halten sich
eigentlich bis Ostern, aber meistens sind sie ganz schnell aufgegessen.

Socke rollte sich am Nikolausmorgen langsam und noch etwas müde aus seinem Buchenastbett. Noch langsamer und sehr verschlafen kletterte er am Baumstamm herunter zu seinem Wascheimer. Was hing denn da?

Seine Knopfaugen wurden groß vor Überraschung und sofort war er hellwach! Seine Nase tanzte vor Freude hin und her, denn sie verriet ihm, dass es etwas Leckeres zu essen sein würde. Schon fing auch sein Bärenmagen an zu knurren, denn es war bereits mehrere Tage her, dass Socke etwas zu essen gefunden hatte.

Schnell huschte er seiner Überraschung entgegen, griff in das Säckchen, holte den ersten Keks heraus und stopfte ihn sich gierig ins Maul. Lecker! Er wollte gleich noch einmal zugreifen, aber da stockte er und überdachte sein Handeln. Wer weiß, wann er wieder etwas zu essen finden würde!

Er musste sorgsam mit seinem Schatz umgehen! Dann grübelte er, wer wohl am Nikolausmorgen an ihn gedacht haben könnte. Da fielen ihm nur die Weihnachtswichtel ein. Ein Lächeln malte sich auf sein Schnäuzchen. Er würde ihnen auch eine kleine Überraschung machen.

Es sollte etwas sein, worin er gut war. Eine Geschichte hatte er ja bereits zum Besten gegeben. Deshalb entschied er sich für ein Gedicht zur Weihnachtszeit. Ja, das war es!

Schnell sprang der kleine Waschbär hinauf in den Baum und zog Stift und ein sehr hübsches Blatt Papier hervor.

Das Papier hatte er im Kloster, sagen wir mal, gefunden. Mit einer sehr hübschen Handschrift schrieb er das Weihnachtsgedicht nieder. Er rollte das Papier zusammen und verschnürte es mit einem Ring aus kleinen dünnen Ästen.

So war das Schriftstück gut gesichert! Dann machte er sich schnell zur Weihnachtswichtelhütte auf. Vorsichtig hängte er sein Werk an die Wurzeltürklinke und ein Lächeln überstrahlte sein Gesicht.

Nachdem er an der Glockenblumenklingel gezogen hatte, verschwand er so schnell, wie er gekommen war, zurück in den Huywald.

Weihnachten

Joachim Ringelnatz (1883 - 1934)

Liebeläutend zieht durch Kerzenhelle,
Mild, wie Wälderduft, die Weihnachtszeit,
Und ein schlichtes Glück streut auf die Schwelle
Schöne Blumen der Vergangenheit.

Hand schmiegt sich an Hand im engen Kreise,
Und das alte Lied von Gott und Christ
Bebt durch Seelen und verkündet leise,
Dass die kleinste Welt die größte ist.

Tipp: Rolle die Einladung ein und binde sie an einen kleinen Mistelzweig.

Wollen wir gemeinsam
einen Weihnachtsbaum
aussuchen?

Wann:..

Wo:..

Liebe Grüße..

Äpfel mögen Weihnachtswichtel am liebsten. Das muss nicht vordergründig erwähnt werden. Es kam den beiden deshalb sehr recht, dass im Wichtelkalender das Bratapfelkonfekt auf dem Plan stand. Es war inzwischen Mitte Dezember und nun mussten die richtig guten Weihnachtsdüfte durch den Wald ziehen.

Solche nach Mandeln, Vanille, Rosinen, Zimt, Orangen, Glühwein, Plätzchen und so weiter. Intensiv musste der Duft sein!

So intensiv, dass er hinaus aus dem Wurzelhausschornstein über die Buchenkronen des Huywaldes, weiter bis zum Kloster, in die Dörfer und die naheliegende Stadt zog. Dafür war das Bratapfelkonfekt als wahres Wunderwerk am besten geeignet. Kein Weihnachtsmarkt der Menschen könnte solch einen Duft verströmen!

Packi mochte am liebsten das Marzipan in diesem Konfekt, denn Marzipan aß sie nur in der Weihnachtszeit, weil es etwas Besonderes bleiben sollte. Ihr Rezept für das Konfekt war durch einen Zufall entstanden.

Eines Tages war Puppi in den Wurzelhauskeller gegangen und über eine Flasche Amaretto gestolpert. Dabei fielen ihm zwei Bratäpfel aus der Hand und kullerten über den Boden. Zuvor hatte Packi etwas von den Mandeln, Rosinen und vom Marzipan verkrümelt. Eigentlich wollte sie schon einen Besen aus der Ecke holen, um die Folgen ihrer Schusseligkeit zu beseitigen. Aber wie die Bratäpfel so durch den Wurzelkeller rollten, kullerten sie über die Krümel, die auf dem Boden lagen.

Puppi war den Bratäpfeln hinterhergehuscht, hatte sie aufgehoben, angeschaut und Packi gezeigt. Die hatte zu kichern angefangen und dann lachten sie, bis ihnen die Tränen in den Augen standen und ihre Bäuche wehtaten. Packi hatte sogleich etwas von diesem „Pralinen-Bratapfel" probiert und fand, sie hätten ein gelungenes Konfekt kreiert. Seit jener Zeit ist dieses Rezept ein weiteres Muss zur Weihnachtszeit. Natürlich wird das Konfekt nicht mehr über einen Kellerboden gerollt. Im Gegenteil! Alle Zutaten werden in einer Schüssel vermengt und dann verarbeitet.

„Bratapfel mal anders"

Zutaten für ca. 25 Stück:
- 200 g Marzipan
- 50 g Mandeln (grob gehackt, Mandelplättchen zum Wälzen)
- 50 g Rosinen
- 50 g getrocknete Apfelscheiben (klein gehackt)
- 150 g Puderzucker
- 4 cl Amaretto

Zubereitung:
Die Mandelplättchen in einer ungefetteten Pfanne goldbraun rösten und dann auf einem Teller abkühlen lassen. Zunächst die anderen Zutaten ohne den Amaretto mischen.
Jetzt den Amaretto dazugeben und alles zu einer gut formbaren Masse kneten.
Aus dem Teig ca. 2 bis 3 cm große Kugeln formen und diese in den Mandelblättchen wälzen.
Fertig ist euer Bratapfelkonfekt!

Tipp: Das Konfekt in einer gut verschließbaren Dose aufbewahren, damit eure Köstlichkeit nicht austrocknet.

Die Zeit war angebrochen, in der die beiden Weihnachtswichtel fast 24 Stunden am Tag werkelten und backten. Den ganzen Tag über hantierten sie an bunten Keksen und anderen Leckereien, denn schließlich war bereits der 18. Dezember angebrochen. Bis zum Weihnachtsmorgen war also nicht mehr viel Zeit. An diesem Tag würden sie ihre Kiepen und den Wichtelholzwagen mit den kleinen, wohlriechenden Geschenken packen. Anschließend würden sie dann Richtung Kloster Huysburg fahren.

Warum? Na, ihr werdet doch nicht vergessen haben, dass die beiden einen Sonderauftrag persönlich vom Weihnachtsmann erhalten hatten. Sie sollen den Menschen dieser Region die Vorweihnachtszeit und Weihnachten ein Stück näherbringen! Ihr Plan sah vor, ihre über die Zeit hergestellten Köstlichkeiten am, im und um das Kloster herum zu verteilen.
Die Menschenkinder sollen bei einem Ausflug die kleinen Geschenke durch Zufall finden. So würden sie vielleicht noch ein bisschen mehr an den Weihnachtsmann glauben. Wenn Kinder diese Geschenke fänden und mit leuchtenden Augen mit einem kleinen Säckchen mit Keksen

in der Hand zu ihren Eltern gelaufen kämen und dann erzählen, dass der Weihnachtsmann eine Überraschung für sie dagelassen hätte, wäre das für Packi und Puppi die größte Freude!
Ach, was sage ich! Für jeden Wichtel auf dieser Welt wäre das das größte Geschenk, das er zu Weihnachten bekommen könnte! All die Mühe und die viele Arbeit hätten sich in diesem Moment gelohnt. Das war das Ziel ihrer Träume!
Als der Tag sich dem Ende neigte, nahm Packi ihren Puppi zufrieden an die Hand und zog ihn hinaus ins Freie. Sie hatte bereits die Fliegenpilze vor ihrem Wurzelhäuschen vom Schnee befreit, sodass sie sich sofort hinsetzen konnten. Erschöpft, aber selig, schauten sie durch das Buchenwalddach und sahen, wie kleine Schneeflocken leise durch die vom Mond angestrahlten kahlen Äste fielen. Vereinzelt waren sogar Sterne zu entdecken. Mit der Zeit füllte sich der Himmel dann mit Hunderten von Sternen.

Puppi nahm seine Packi in die Arme und gab ihr einen dicken Kuss. Ja, bald war Weihnachten und der Weihnachtsstern war schon hoch am Himmel zu sehen.

„Der Stern"

Wilhelm Busch (1832 - 1908)

Hätt auch einer fast mehr Verstand
als wie die drei Weisen aus Morgenland
und ließe sich dünken, er wäre wohl nie
dem Sternlein nachgereist, wie sie;
dennoch, wenn nun das Weihnachtsfest
seine Lichtlein wonniglich scheinen lässt,
fällt auch auf sein verständig Gesicht,
er mag es merken oder nicht,
ein freundlicher Strahl
des Wundersternes von dazumal.

Der Weihnachtsmorgen! Noch war es draußen dunkle Nacht, da waren die zwei Weihnachtswichtel bereits unterwegs, um ihre kleinen Geschenke aus allen Ecken und Enden des Wurzelhauses zusammenzutragen. Überall waren sie verteilt, mussten nun aus ihren Verstecken geholt und für den Transport verpackt werden. Nach einer Stunde war die erste Kiepe bis zum Rand gefüllt und nach einer weiteren die zweite. Nicht viel später war auch schon der Wichtelholzwagen mit den lecker duftenden Geschenken beladen.

Packi und Puppi waren bereit für ihren großen Tag! Wie sie so ihre Päckchen durch den noch schlafenden Huywald trugen und zogen, hörten sie hinter sich auf einmal ein Knistern und Knacken. Packi erschrak und zuckte zusammen. Mit weit aufgerissenen Augen blieb sie stehen. Puppi hob sein Wanderstöckchen zur Verteidigung in die Höhe. Er war bereit, jeden Dieb oder Räuber abzuwehren. Stille! Da, wieder das Knacken eines kleinen Astes! Diesmal nur aus einer anderen Richtung. Puppi umklammerte seinen Gehstock fester und brummte, so tief er konnte: „Wer ist da?" Packi machte sich Sorgen.

Wollte sie etwa jemand am Weihnachtsmorgen überfallen? Das wäre eine Katastrophe und zwar nicht nur für sie, sondern auch für alle Kinder, die an den Weihnachtsmann glaubten. Und wieder! Diesmal ein lauteres Knacken ganz in ihrer Nähe. Das war Puppi zu viel! Er stellte die Wichtelkiepe ab und sprang auf den Wagen, um die Umgebung besser überblicken zu können. Er leuchtete mit seiner Laterne in jede Richtung und beugte sich nach vorn. „Komm heraus!", purzelte es aus dem mutigen Wichtel heraus.

Da! Gleich neben dem umgestürzten Baum, der im letzten Winter einem Sturm zum Opfer gefallen war, bewegte sich etwas. Seine Augen mochten wohl einige hundert Jahre alt sein, aber eine Bewegung im Halbdunkeln konnte er noch bestens sehen. Packi kniff die Augen vor Aufregung zusammen. Auf einmal eine Stimme: „Juhu, ihr Zwei! Ich habe gehört, ihr braucht Hilfe!" Packi zuckte zusammen und stutzte. Komisch, diese Stimme kannte sie doch! Puppis Anspannung legte sich und er atmete tief aus. Es waren Flixi das Eichhörnchen, Hoppel der Hase und Socke der Waschbär. Sie kamen aus ihren Verstecken und putzen ihr Fell von Unterholz und alten Blättern sauber. „Was macht ihr denn hier?", fragte Packi erleichtert. „Wir wollen helfen, die Geschenke zu verteilen. Viele Hände, schnelles Ende!", erklärte Flixi und kicherte dabei. Was für eine Überraschung und sie kam zur rechten Zeit. Sogleich packten alle mit an und gemeinsam zogen sie den Wichtelholzwagen durch den noch dunklen Huywald hinauf bis zum Kloster. Dort versteckten sie im, am und um das Kloster herum alle Geschenke.

Am Nachmittag waren sie fertig und am frühen Abend saßen die Freunde im Weihnachtswichtelhaus. Alle waren erschöpft und glücklich und zur Feier des Tages setzte Puppi seinen leckeren weißen Glühwein auf.

„Weißer Glühwein"

Zutaten für 4 Punschgläser:
- 700 ml trockener Weißwein
- 300 ml weißer Traubensaft
- 4 TL Akazienhonig
- 4 Zimtstangen
- 2 Scheiben Orange

Zubereitung:
Ihr braucht einen großen Topf, wenn ihr mehr als 4 Gäste bewirten wollt.
Weißwein, Traubensaft, Akazienhonig, Zimtstangen und die Orangenschalen in den Topf geben und erwärmen, nicht kochen.
Danach den Glühwein etwa für 10 Minuten bei milder Hitze ziehen lassen.

Da so ein leckerer Glühwein besser in Gesellschaft schmeckt, holt euch eure Familie, Freunde oder Bekannte dazu. Genießt den Glühwein und die schöne Zeit miteinander.

Während die Freunde am Weihnachtsnachmittag vor dem geschmückten Weihnachtswichtelweihnachtsbaum saßen und ihren Glühwein tranken, bereitete Packi die Schüssel mit dem Kartoffelsalat vor und stellte einen riesigen Topf mit Wichtelwürstchen neben den Wurzelofen. Sie sah zu Puppi und ein Lächeln lief über ihr Wichtelgesicht. Wie schön es war, dass alle hier zusammensaßen! Nachdem die Freunde ihre eigenen Geschenke und guten Wünsche als Schmuck an den kleinen Weihnachtsbaum gebunden hatten, erzählte jeder dem anderen, wo er seine Geschenke für die Menschen versteckt hatte. Flixi hatte sich ein ganz besonderes Versteck ausgesucht. Er hatte dem Prior auf seinen Tisch, gleich neben die Bibel, eine Tüte mit Nüssen und Engelsaugen gelegt. Der wird garantiert Augen machen, lachte Packi und alle stimmten ihr zu. Am schönsten fanden alle die Idee, die sich Socke ausgedacht hatte. Er hatte sich in den Klostergarten geschlichen, um ein Säckchen an einen Topf zu legen, der mit Laub vollgestopft war.

Als die Kirchenglocken zum Weihnachtsgebet riefen, liefen Packi, Puppi und die Freunde vor die Wurzelhaustür. Es gingen ihnen die Augen über, als sie so viele Menschen durch ihren Wald laufen sahen. Aus allen Himmelsrichtungen strömten sie in die Klosterkirche, um gemeinsam zu singen und zu beten. Packi schlug vor, sich anzuschließen und alle waren damit einverstanden.

Im Kloster angekommen huschten sie durch das Portal und versteckten sich hinter dem Taufbecken. Von hier aus hatten sie einen guten Blick in die Klosterkirche und vor allem auf die geschmückte Weihnachtstanne. Zusätzlich hatten die Mönche das gesamte Kirchenschiff so weihnachtlich gestaltet, dass die Freunde ganz andächtig wurden. Da war sie nun, in ihrer ganzen Pracht! Die Tanne! Gestern Morgen hatte sie noch tief verwurzelt im Huywald neben dem Wurzelhäuschen von Puppi und Packi gestanden. Und heute ging von ihr eine strahlende Herrlichkeit aus. Jeder, der sie sah, hatte sofort ein Weihnachtsfunkeln in den Augen. Packi und Puppi fühlten sich reich beschenkt, denn sie hatten ihre Aufgabe auch in diesem Jahr wieder erfüllt. Alle im Wichtelkalender eingetragenen Arbeiten waren erledigt. Glücklich und zufrieden machten sie sich auf den Weg zurück zum Wurzelhaus.

Hier saßen sie nun am Weihnachtsabend mit ihren Freunden. Im Wurzelofen knisterte ein Feuerchen. Sie hatten den Kartoffelsalat und die Würstchen gegessen und saßen nun beisammen. Jeder mit einem Becher leckeren Glühwein in der Hand erzählten sie sich Geschichten aus längst vergangener Zeit. Was brauchte man mehr? Ein gutes Essen, etwas zu trinken und liebe Freunde um sich! Das war es doch, worauf es im Leben ankam!

Socke hatte sich auch für diesen Abend etwas Besonderes ausgedacht. Er stand auf, schüttelte sich und zog ein kleines Buch aus seiner Westentasche. Dann setzte er seine Lesebrille auf und begann leise vorzulesen.

Die biblische Weihnachtsgeschichte

(Lukas 2, Verse 1-20, nach der Übersetzung Martin Luthers)

Es begab sich aber zu der Zeit, dass ein Gebot von dem Kaiser Augustus aus ging, dass alle Welt geschätzt würde. Und diese Schätzung war die allererste und geschah zur Zeit, da Quirinius Statthalter in Syrien war. Und jedermann ging, dass er sich schätzen ließe, ein jeder in seine Stadt. Da machte sich auf auch Josef aus Galiläa, aus der Stadt Nazareth, in das jüdische Land zur Stadt Davids, die da heißt Bethlehem, weil er aus dem Hause und Geschlechte Davids war, damit er sich schätzen ließe mit Maria, seinem vertrauten Weibe; die war schwanger. Und als sie dort waren, kam die Zeit, dass sie gebären sollte. Und sie gebar ihren ersten Sohn und wickelte ihn in Windeln und legte ihn in eine Krippe; denn sie hatten sonst keinen Raum in der Herberge.

Und es waren Hirten in derselben Gegend auf dem Felde bei den Hürden, die hüteten des Nachts ihre Herde. Und der Engel des Herrn trat zu ihnen, und die Klarheit des Herrn leuchtete um sie; und sie fürchteten sich sehr.

Und der Engel sprach zu ihnen: Fürchtet euch nicht! Siehe, ich verkündige euch große Freude, die allem Volk widerfahren wird; denn euch ist heute der Heiland geboren, welcher ist Christus, der Herr, in der Stadt Davids. Und das habt zum Zeichen: Ihr werdet finden das Kind in Windeln gewickelt und in einer Krippe liegen. Und alsbald war da bei dem Engel die Menge der himmlischen Heerscharen, die lobten Gott und sprachen: Ehre sei Gott in der Höhe und Friede auf Erden bei den Menschen seines Wohlgefallens.

Und als die Engel von ihnen gen Himmel fuhren, sprachen die Hirten untereinander: Lasst uns nun gehen nach Bethlehem und die Geschichte sehen, die da geschehen ist, die uns der Herr kundgetan hat. Und sie kamen eilend und fanden beide, Maria und Josef, dazu das Kind in der Krippe liegen. Als sie es aber gesehen hatten, breiteten sie das Wort aus, das zu ihnen von diesem Kinde gesagt war. Und alle, vor die es kam, wunderten sich über das, was ihnen die Hirten gesagt hatten.

Maria aber behielt alle diese Worte und bewegte sie in ihrem Herzen. Und die Hirten kehrten wieder um, priesen und lobten Gott für alles, was sie gehört und gesehen hatten, wie denn zu ihnen gesagt war.

An dieser Stelle möchte ich Dank sagen.

Was für eine Reise! Ihr könnt euch nicht vorstellen, wie verrückt sie war! Ein Grund mehr, mich an dieser Stelle bei meinen fleißigen Helfern und Unterstützern zu bedanken. Für mich war es beeindruckend, zu erleben, wie aus meiner Idee und mit Hilfe entsprechender Menschen an meiner Seite dieses kleine Schätzchen hier entstand. So wie bei einem Uhrwerk, bei dem ein Zahnrad ins andere greift.

Das Herzstück dieses Uhrwerks war und ist dabei meine Familie. Auch jeder noch so durchgedrehte meiner Einfälle wurde hundertprozentig ernst genommen. Für meinen Mann Karsten: Dir möchte ich ganz besonders danken. Seit zwanzig Jahren bist du mit deiner Liebe und Hingabe für mich da. Das ist nicht selbstverständlich. Wie heißt es so schön? Hinter jeder starken Frau steht ein Fels. Du bist mein Fels!

Wenn man etwas verdreht und originell ist, weiß man instinktiv, dass man Menschen um sich braucht, die ähnlich ticken. Das habe ich bei jedem unserer Freunde gefunden, wofür ich mehr als dankbar bin. Ihr seid für uns da! Egal, ob wir an schlechten Tagen Halt benötigen oder an guten Tagen jemanden, der zu jedem Klamauk bereit ist.

Dank sagen möchte ich den beiden Naumännern. Ihr habt euch, ohne lange zu überlegen, bereit erklärt, mein Projekt zu begleiten und meine Worte in das richtige Licht zu setzen. Irgendwann habe ich es aufgegeben, der Rechtschreibung hinterherzulaufen und bin euch mehr als dankbar, dass ihr mein Büchlein lektoriert habt. Natürlich liegt die Verantwortung für etwaige Fehler oder Tippfehler, die das fertige Buch enthält, auf meinen Schultern.

„Hunderunde gegen 10 Uhr!" Ich weiß noch, wie du, Nicole, auf genau solch einer Runde zu mir sagtest: „Ach, lass mich dir doch mit dem Setzen des Buches helfen!" Das war meine Rettung, denn ich war kurz davor, durchzudrehen, weil ich Angst hatte, den Termin für den Druck nicht halten zu können. Du hast einfach die Texte und Bilder genommen und mit gefühlt nur einem Klick zu diesem Buch gemacht. Danke!

Wisst ihr, was total abgedreht ist?
Ich habe schon eine neue Idee für ein weiteres Buch! Und ich freue mich extrem darauf, damit anzufangen.

Eure Katrin Packebusch

Impressum

1. Auflage, Oktober 2020
ISBN: 978-3-9822095-5-5

Copyright: Huyland Verlag/K. Packebusch
Das Adventsschätzchen
-Ein Vorfreudebüchlein-

Projekt/Idee/Autor: Katrin Packebusch
Lektorat: Ines und Hans-Jürgen Naumann
Illustration: Katrin Packebusch,
www.grafikdesign-packebusch.de

Layout & Satz: Zeitsaat UG | Nicole Winkler
www.zeitsaat.de, design@zeitsaat.de

Huyland Verlag
Katrin Packebusch
Nordstraße 138
D-38836 Pabstorf
www.huyland-verlag.de
huyland-verlag@gmx.de

MERRY CHRISTMAS

MERRY CHRISTMAS

MERRY CHRISTMAS

MERRY CHRISTMAS

FROHE
WEIHNACHTEN

VON: ....

FÜR: ....

FROHE
WEIHNACHTEN

VON: ....

FÜR: ....

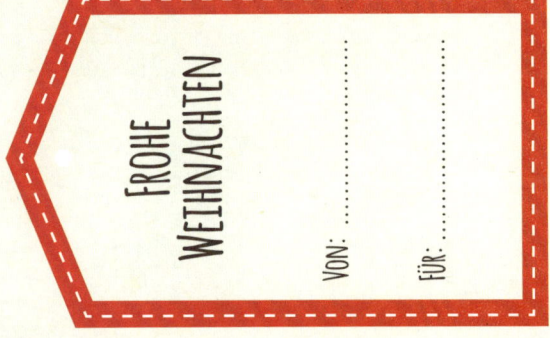

FROHE
WEIHNACHTEN

VON: ....

FÜR: ....

FROHE
WEIHNACHTEN

VON: ....

FÜR: ....

MERRY CHRISTMAS

MERRY CHRISTMAS

MERRY CHRISTMAS

MERRY CHRISTMAS